THE HISTORY 한국사 인물 12

광개토태왕

THE HISTORY 한국사 인물 12
광개토태왕
펴낸날 2024년 4월 25일 1판 1쇄
펴낸이 강진균
글 백성희
그림 박창현
편집·디자인 편집부
마케팅 변상섭
제작 강현배
펴낸곳 삼성당
주소 서울시 강남구 선릉로 747 삼성당빌딩 9층
대표 전화 (02)3443-2681   **팩스** (02)3443-2683
출판등록 1968년 10월 1일 제2-187호
ISBN 978-89-14-02174-8 (73990)

본 저작물은 저작권법에 따라 보호를 받는 책이므로 무단 전재와 무단 복제를 금합니다.
※ 파본은 바꾸어 드립니다.

THE HISTORY 한국사 인물 12
광개토태왕

차례

태자 담덕 ·· 11

요동 정벌을 꿈꾸다 ································ 42

백제와 싸우다 ·· 63

왜군을 무찌르다 ···································· 91

고구려의 대통일 …………………………… 109

광개토태왕의 생애 …………………………… 123

광개토태왕 …………………………………… 124

태자 담덕

날이 밝았다.

다른 날과 다를 것은 없었지만 궁궐 안팎의 표정으로 보아 오늘은 매우 뜻깊은 날이었다.

궁궐 안에서는 흥겨운 가락이 높아져 가고, 거리는 새 옷을 차려입은 백성들의 물결로 가득 차 있었다.

오늘은 바로 고구려 제18대 임금인 고국양왕의 아들 담덕 왕자가 왕의 뒤를 이을 태자의 자리에 오르는 날이었다.

벼슬의 높고 낮음을 떠나 궁궐에 봉직(공직에서 일함)하는 신하들이 모두 궁궐 안으로 들어왔다.

　고국양왕이 옥좌에 앉자, 영롱한 눈을 반짝이는 소년이 고국양왕 바른편에 앉았다.

　이윽고 고국양왕이 신하들을 바라보며 근엄한 목소리로 말하기 시작했다.

　"짐이 선왕이신 소수림왕*의 대를 이어 임금에 오른 뒤 지금까지 우리 고구려의 국력은 조금도 커지거나 튼튼해지지 않았소. 더구나 선왕의 뜻을 펴지 못하고, 선왕의 원수 또한 갚지 못하고 있으니 참으로 안타까운 일이 아닐 수 없소. 선왕의 원수를 갚아 드리겠다고 맹세했지만 벌써 18년이라는 긴 세월이 흘러갔소. 이 모두가 짐의 덕이 부족한 탓이오. 군주로서 능력이 모자라 선왕의 뜻을 받들지 못

소수림왕

고구려 제17대 왕(재위 371~384)으로 이름은 구부이며, 고국원왕의 아들이다. 372년에 전진의 승려 순도가 불상과 경문을 가져오자, 이를 받아들임으로써 우리나라에 처음으로 불교가 들어오게 했다. 또 그해에 태학을 설립하고, 이듬해에 율령을 반포했다.

소수림왕 때 불교를 널리 보급하기 위해 창건한 전등사 대웅전

고구려의 문화와 풍속을 엿볼 수 있는 무용총 동벽 무용도의 일부(5세기, 중국 길림성 집안현)

하니 열조(역대 임금) 조상님들께 죄송함을 금할 길이 없구려. 짐의 마음이 이러할진대, 하루라도 빨리 이 자리를 물러나기로 마음을 정했소. 그리하여 오늘 만조백관(조정의 벼슬아치)이 지켜보는 가운데 총명하고도 영특한 담덕 왕자를 태자로 봉하고 태자가 장성하면 태자에게 임금 자리를 물려주려고 하오."

"성은이 망극하옵니다."

조정의 모든 신하가 엎드려 절하며 기뻐했다.

태자 책봉은 엄숙하고도 근엄하게 거행되었다.

고국양왕은 매우 흐뭇한 표정으로 밝게 웃었다. 그리고

는 옆에 앉아 있던 담덕의 손을 잡으며 만족한 목소리로 말했다.

"경들도 알다시피 태자 나이가 올해 열세 살이오. 아직 어린 나이긴 하지만 총명하고 영특하기가 이를 데 없어 장차 이 나라를 이끌어 나가는 데 아무 부족함이 없으리라 여겨지오. 우리 고구려에서는 지금까지의 어느 임금보다도 뛰어난 군주가 되리라 확신하오. 따라서 지금까지 짐이 이루지 못한 유업을 태자에게 물려줄 것을 약속하니 짐의 마음은 한결 가볍고 기쁘오."

고국양왕이 태자를 그처럼 치켜세우는 데는 태자를 칭찬하는 이야기만은 아니었다. 장차 임금 자리를 태자에게 물려주기 위해 만조백관뿐만 아니라 태자 자신에게도 미리 확고하게 다져 놓으려는 뜻도 있었다.

"태자는 들어라. 이제부터 이 나라의 흥망은 태자에게 달렸느니라. 더욱 무예에 힘쓰고 덕을 쌓아야 하느니라. 그래서 백제와 싸우다 돌아가신 할아버지의 원수를 갚고, 이 나라를 외적으로부터 지켜야 한다."

"네, 아바마마!"

고국양왕의 엄한 명령에도 담덕 태자는 씩씩하게 대답했다. 고국양왕은 담덕에게 보석이 박힌 큰 칼을 내주며 말했다.

"자, 이 칼을 받도록 하여라. 그리고 이 칼을 볼 때마다 이 아비와의 약속을 잊지 않도록 명심하여라."

담덕 태자는 무릎을 꿇고 두 손으로 보검을 받아서 들었다.

'장차 왕위에 오르면 할아버지인 고국원왕의 원수를 꼭 갚고야 말겠다.'

담덕 태자는 입술을 꼭 깨물며 결심했다.

사실, 담덕 태자는 매우 남다른 점이 많은 소년이었다.

그가 태어나던 날, 대궐에는 이상한 기운이 감돌았다.

대궐의 지붕 위를 온통 붉은 구름 덩어리가 뒤덮고 있었다.

마치 한 마리의 용이 불을 내뿜고 있는 듯한 형상이었다. 뜰에 나와서 대궐 쪽을 바라보고 있던 왕의 동생 이련이 중얼거렸다.

"정말 신기한 일이야! 분명히 상서로운 일이 일어날 징조임이 틀림없어!"

그때 갑자기 안방으로부터 갓난아기의 울음소리가 들려왔다.

"응? 아기의 울음소리!"

그 우렁찬 울음소리와 함께, 구름 덩어리는 천천히 하늘로 떠올랐다.

이윽고 하늘 높이 떠오른 구름 덩어리가 스러지고 아침 햇빛이 찬란하게 비쳤다.

그때 하녀가 허둥지둥 뜰로 나오며 소리쳤다.

"나리, 마님께서 옥동자를 낳으셨어요."

"오, 그래? 아, 이런 기쁜 일이……."

이련은 기쁨을 감추지 못하며 고개를 끄덕였다.

이때가 소수림왕 5년이었다.

소수림왕은 조카의 탄생 소식을 듣자 크게 기뻐했다. 소수림왕에게는 대를 이을 왕자가 없었다. 그래서 장차 동생 이련에게 왕위를 물려줄 생각을 하고 있었다.

 이련은 아기의 이름을 '담덕'이라고 지었다. 어질고 착한 사람이 되라는 뜻이었다.

 그러던 담덕이 네 살 때의 일이다.

 난데없이 호랑이 한 마리가 대궐 안으로 뛰어 들어왔다.

 "아니! 호, 호랑이가?"

 "엄마야, 사람 살려!"

 호랑이는 어슬렁거리며 대궐 안을 이리저리 돌아다녔다.

 그러자 대궐 안은 온통 아수라장이 되었다.

 "으아아! 호, 호랑이다!"

 대신들과 궁녀들은 도망치기에 바빴다.

 이때 담덕은 마구간에서 말을 어르고 있었다.

 그런데 이리저리 돌아다니며 대궐을 아수라장으로 만들던 호랑이가 마구간 쪽으로 가는 게 아닌가!

 사람들은 발을 동동 구르기 시작했다.

"큰일났다. 왕자님이 호랑이 밥이 되겠네."

"이를 어째!"

호랑이가 마구간 앞에 이르자 사람들은 눈을 감아 버렸다. 그런데 웬일인가! 한참이 지났는데도 마구간에서는 아무 소리도 들려오지 않았다.

슬며시 눈을 뜬 사람들은 그만 입을 딱 벌리고야 말았다. 어린 담덕이 호랑이와 마주 서서 눈싸움을 벌이고 있었던 것이다. 더구나 두려워하는 기색이 전혀 없었다.

눈싸움을 벌이는 담덕과 호랑이의 눈에서 불꽃이 튀는 듯했다.

이윽고 호랑이는 눈을 내리깔더니 슬금슬금 뒷걸음질을 쳤다. 그러고는 담을 뛰어넘어 사라졌다.

"와, 왕자님 만세!"

그제야 사람들은 환호성을 터뜨렸다. 담덕은 그뿐 아니라 글공부도 잘 했고, 무술 솜씨도 뛰어나서 어지간한 장수들도 어린 담덕을 당해 내기가 힘들었다.

태자 책봉은 임금이 장차 자기 대를 이어 갈 아들에게 임

약수리 고분의 마구간 벽화

금 자리를 물려줄 것을 미리 공개적으로 밝혀 두는 행사이다.

그래서 태자로 책봉된 왕자는 그때부터 임금의 일을 펴 나가는 데 필요한 왕도 수업을 쌓게 되는 것이다.

이렇게 하여 태자로 책봉된 담덕은 태사라 하는 스승 밑에서 왕도를 익히기 시작했다.

"태자, 하늘에는 태양이 둘이 있을 수 없습니다."

"네, 스승님."

"따라서 이 나라에서도 두 임금이 있을 수 없습니다. 오직 태자만이 이 나라를 이끌어 가게 됩니다. 그러니 왕도를 바르게 익혀야 합니다."

"네, 명심하겠습니다."

담덕은 태사를 스승으로 각별하게 받들며 열심히 공부했다. 불경에서는 부처님의 가르침대로 자비심을 배우고, 병서에서는 싸우는 법, 이기는 법을 익혔다.

담덕은 또한 무예를 닦는 데에도 온 힘을 기울였다.

"이얏! 얏!"

국내성 밖의 숲속에서는 온종일 태자의 기합 소리가 끊이지 않고 울려 퍼졌다.

할아버지인 고국원왕이 백제의 갑작스러운 침략을 받고 싸우다가 장렬하게 전사한 사실을 담덕은 절대 잊지 않고 있었다.

고구려는 고대 삼국 시대의 한 나라로 기원전 37년에 주몽(동명성왕)이 세웠다.

동명성왕이 압록강 중류 졸본천에 터를 닦아 개국한 고구려는 험준한 산악 지방인데다가 기후까지 좋지 않아 농사짓기에도 아주 불리한 나라였다.

또 고구려의 주변에서는 여러 부족 국가들이 서로 힘을 겨루고 있어 늘 불안하기 그지없었다.

북쪽 송화강 근처에는 중국과 깊은 관계를 맺어 차츰차츰 세력을 키워 나가고 있는 부여라는 부족 국가가 있었다.

그리고 동쪽에는 옥저라는 부족 국가가, 그 아래쪽에는 동예라는 부족 국가가 각각 자리를 잡아 그들 또한 서서히 영토를 넓혀 가고 있었다.

따라서 고구려를 세운 동명성왕과 그 뒤를 이은 고구려 왕들은 이러한 주변의 부족들이 눈엣가시처럼 여겨져 언제나 마음이 편치 않았다.

그러던 중 고구려는 제6대 태조왕 때 요동 지방을 자주 공격했다.

특히 요동 지방의 공손씨와 치열한 싸움을 거듭했으며 현도군을 쳐서 무순 지방으로 몰아내면서 중국의 세력을 꺾었다.

또한 동쪽으로는 옥저와 동예를 쳐서 영토를 차츰 넓혀 갔다.

고구려는 왕권이 강화되고 영토가 몇 갑절로 넓어지면서 어엿한 고대 국가로 발전해 갔다.

한편 나라를 세운 지 19년 만에 남쪽에서는 새로운 나라가 세워졌다. 동명성왕의 둘째 아들인 온조는 남쪽으로 내려가 한강 유역의 위례성*에 나라를 세웠는데 그 나라가 바로 백제였다.

고구려와 백제는 한 조상의 자손들이 세운 나라들로서 얼마 동안은 서로 평화롭고 사이좋게 지냈다.

그러나 각기 국가로서 자리를 튼튼하게 잡게 되자 조금씩 사이가 벌어지기 시작했다. 특히 서로가 국경을 맞대고 있는 나라이기 때문에 충돌은 더욱 자주 일어났다.

그러나 고구려는 남쪽보다 북쪽의 중국 땅으로 영토를

위례성

백제 초기의 도성. 시조 온조왕이 위례성을 근거로 건국했다고 전하나 확실한 위치는 알 수 없다. 그 위치에 대하여 여러 가지설이 있으나, 현재는 경기도 광주라는 설이 가장 유력하다.

백제의 제2 도읍지였던 공주시 반죽동에서 출토된 건물터 유적지

확장하려는 꿈을 가지고 있었다.

이즈음 중국에서는 후한이 멸망하고 고구려의 국경 부근에 위나라가 세워져 중국의 북쪽 땅을 지배하고 있었다.

고구려는 제10대 산상왕 대에 와서 그동안 졸본성이었던 도읍을 남만주 동가강 유역으로 옮겨 이름을 국내성*이라 했다. 그리고 국력을 더욱 튼튼히 하여 영토를 넓혀 나갔다.

그 후 제11대 동천왕은 위나라 땅인 요동 지방의 서안평을 공격했다.

위나라는 후한이 멸망한 뒤에 세워진 나라로서 하북 지방에 자리 잡고 있어 고구려와 자주 충돌했다.

그러나 위나라와 고구려 싸움에서는 언제나 고구려가 당하는 형편이었다.

국내성

중국 동북 지방 집안현 통구 지방에 있었던 고구려 초기의 도읍. 유리왕 때 졸본에서 그곳으로 옮겨졌다고 하며, 427년(장수왕 15년)에 평양으로 도읍을 옮길 때까지 고구려의 도읍으로서, 고대 왕국의 형성과 발전의 터전이 되었다.

졸본성 다음의 고구려 도읍지인 국내성의 터(중국 길림성 집안현)

그러다 결국 국내성이 함락되고 말았다.

이에 고구려의 충신 유유가 비장한 각오로 위나라를 칠 기회를 노리던 끝에 뜻밖에도 국내성을 다시 찾을 수 있었다.

그러는 사이에 중국 땅에서는 왕조가 바뀌었다. 위나라가 멸망하고 진나라가 중국을 지배하게 된 것이다.

그러나 이 진나라는 북방 유목 민족*의 침입이 잦았기 때문에 고구려에 대해서는 전혀 신경을 쓸 수가 없었다.

이런 좋은 기회를 만난 고구려 제15대 미천왕은 다시 요동 지방을 공격했다. 또 313년(미천왕 14년)에는 낙랑군을 몰아내고 대동강 유역의 기름진 땅도 차지할 수 있었다.

이로써 고구려는 온갖 세도를 부리며 괴롭히던 중국의

유목민족

초원이나 풀밭을 찾아 옮겨 다니며 가축을 기르고 사는 민족. 가축은 소, 말, 염소, 낙타, 양이며, 의복이나 음식 등은 오로지 가축으로부터 얻는다.

유목 민족인 몽골 사람들의 이동 주거지 '파오'

영향에서 벗어날 수 있었다.

그 후 중국에서는 진나라가 북방 민족에게 쫓겨 양쯔강 이남으로 밀려나고, 양쯔 강 북쪽에서는 열여섯 나라가 서로 세력 다툼을 벌이고 있었다.

그중 연나라(전연)가 만주 쪽으로 진출해 오는 바람에 고구려는 자연 전연과 충돌하지 않을 수 없었다.

고구려는 제16대 고국원왕이 환도성과 국내성을 튼튼히 쌓았다. 그리고 고국원왕 12년에는 환도성으로 도읍을 옮겼다.

그해 전연의 모용황은 5만의 군사를 거느리고 고구려에 쳐들어왔다. 고구려의 군사들은 맹렬히 싸웠다. 백성들은 힘을 모아 전연의 군사와 맞붙어 싸웠다.

그러나 고구려는 군사의 수도 적고 창과 칼도 부족했다.

"우리나라가 망하면 우리도 죽어야 한다. 죽는 한이 있어도 우리가 오랑캐의 노예는 될 수 없다."

이렇게 목숨을 내걸고 싸웠지만 전세가 불리해진 고구려는 끝내 몰리고 말았다.

"저 오랑캐 놈들을 쳐부수지 못함이 한스럽구나."

전세가 기울어지고 있음을 알아챈 고국원왕은 비통함을 참지 못하여 땅이 꺼질 듯한 탄식을 했다.

전연의 군사들은 성안의 집들을 태우고, 사람들을 닥치는 대로 죽이는 등 온갖 행패를 부렸다.

전연의 군사들에게 쫓기던 고국원왕도 동해안으로 몸을 피신해야만 했다. 그리하여 주인 없는 국내성은 전연 군사들의 행패로 완전히 허물어져 버렸다.

얼마 후 동해안에 피신해 있던 고국원왕이 돌아왔다.

고국원왕은 무참히 파괴된 국내성의 모습을 보고 치를 떨었다.

"이……, 이럴 수가! 나쁜 놈들! 아……, 원통하구나!"

무엇보다도 참을 수 없는 사실은 고국원왕의 아버지인 미천왕의 무덤을 파헤쳐 시체를 끌어 내갔으며, 또 어머니와 왕비를 자기네 나라로 잡아간 것이었다.

"모든 것이 힘이 약한 탓이야. 내 언젠가는 반드시 복수를 하고 말리라. 꼭 이 원한을 풀어서 부모님과 백성들 앞에 사죄할 것이다!"

고국원왕이 거의 정신을 잃은 듯 흥분하고 있을 때 왕의 동생이 나서서 형을 진정시켰다.

"마마, 제가 예물을 준비하여 전연의 왕을 찾아가 화해를 요청하겠습니다. 그리고 어머니와 부왕의 시신을 기필코 모셔 오겠습니다."

이 말을 들은 고국원왕은 두 눈을 부릅떴다.

"뭣이라고! 예물을 바치고 화해한다고? 당치도 않은 소리야! 안 돼! 그 얼마나 치욕스러운 일인가?"

"물론 치욕스러운 것은 사실이나 부왕의 시신과 어머니를 모셔 오기 위해서는 어떠한 것이라도 참고 견디어야 합니다."

"아, 이렇게 분할 수가……."

고국원왕의 눈은 분노로 이글이글 타고 있었다.

곧 고국원왕은 생각에 잠겼다.

잠시 후 분노에 이글이글 타던 눈빛이 사그라지며 고개가 말없이 떨구어졌다.

고구려 역사 연구의 귀중한 자료인 덕흥리 고분의 벽화 (5세기 초, 북한 남포 특급시 덕흥리)

"음, 그 방법밖에 없다면 할 수 없구나……. 그렇게 해서라도 부왕의 시신과 어머니를 이른 시일 내에 꼭 모셔 오도록 하여라."

고국원왕은 자기 동생을 전연으로 보냈다.

값지고 귀한 예물을 받은 전연의 왕은 매우 흡족해하면서 고구려의 뜻을 받아들였다.

"음, 내 너희들의 요구를 들어주겠다. 단, 고구려가 다시는 우리의 국경을 침범하지 않는다는 맹세를 해야 한다. 그러면 너희 왕의 시체와 왕비는 돌려보내 주겠다. 그러나 왕모는 지금 당장은 보낼 수 없다."

덕흥리 고분의 기마 인물 수렵도

"아니? 왜 어머니는 안 됩니까?"

"너희 고구려가 약속을 지키는지 두고 봐야 하니까……."

그리하여 미천왕의 시신과 왕비는 고구려로 다시 돌아왔다.

그러나 왕모는 그 후로도 12년이나 더 전연에 잡혀 있다가 355년에야 고구려로 되돌아왔다.

고국원왕은 원수의 나라와 치욕적인 화해는 했으나 마음속의 앙금은 그대로 남아 있었다. 끝내 복수를 하고 말겠다는 생각은 버릴 수가 없었다.

이에따라 고국원왕은 처음에 세웠던 서진 정책을 남진

정책으로 바꾸었다. 전연을 치고 복수를 하기 위해서는 먼저 남쪽의 백제를 꺾어 힘을 키워야 한다는 생각에서였다.

그러나 이러한 남진 정책으로 바꿨음에도 불구하고 오히려 백제 군사에게 쫓기고 말았다.

고국원왕 41년에 백제의 근초고왕은 근구수와 함께 3만 명의 군사를 거느리고 고구려의 평양성*으로 갑자기 쳐들어왔다.

이때 고국원왕은 전쟁터가 된 평양성에서 직접 고구려군을 지휘하고 있었다.

"백제군이 올라올 기세다! 잘 막아라! 이곳 평양성은 고구려의 중요한 발판이다."

그러나 백제군의 공격은 만만치가 않았다.

평양성

고구려 시대 초기에 평양에 세워진 돌로 쌓은 성. 남쪽은 대동강, 서쪽은 보통강으로 둘러싸여 있어 방어에 유리하다. 고구려, 고려, 조선 시대에 걸쳐 여러 차례 다시 고쳐 쌓았다.

고구려 초기의 성 쌓는 방식이 잘 나타난 평양성 내성 북문

"저기 고구려 왕이 보인다!"

"모두 고구려 왕을 직접 공격하라!"

"왕을 잡는 자에게 후한 상을 내리리라!"

전쟁의 와중에 고국원왕은 그만 백제군이 쏜 화살에 맞고 말았다.

"우욱……, 이 녀석들이! 아……, 내가 여기서 죽다니……."

"왕이 화살에 맞았다!"

왕이 전사했다는 소식에 갑자기 사기를 잃은 고구려 군사들은 겁을 먹고 슬슬 뒷걸음질 쳤다.

이리하여 고구려의 고국원왕을 죽인 백제 군사들은 마침내 평양성을 점령했다.

고국원왕에 이어 제17대 왕위에 오른 소수림왕은 백제를 원수로 여기고 복수할 뜻을 마음속 깊이 새겼다.

소수림왕은 무엇보다도 전연과 백제에 연거푸 패한 고구려의 쇠약해진 국력을 기르는 데에 힘써야 한다고 생각했다. 그리하여 우선 중국의 전진과 국교를 맺기로 했다.

감은사지 3층 석탑에서 출토된 사리 장치

 그 후 고구려는 전진으로부터 문물을 받아들이면서 나라의 힘을 키워 갔다.
 이렇게 하여 고구려에 처음으로 불교가 들어오게 되었고 이어 자연히 다른 문화도 흘러들어왔다.
 고구려는 태학을 세워 유학을 가르치는 한편, 중국식의 법률과 제도도 갖추었다.
 또한 전진과 문물을 교류하면서 전쟁에서 패해 쇠약해진 고구려의 기반을 다시 다져 나갔다.
 이렇게 국력의 기반을 잡아 가는 데에 아무 걱정거리가

없었던 소수림왕에게도 근심이 하나 있었다. 바로 대를 이을 왕자가 없다는 것이었다.

왕자가 왕의 대를 이어받으려면 태자로 책봉되어야 했다.

그런데 소수림왕은 태자를 책봉하지도 못하고 왕의 자리에 오른 지 9년 만에 세상을 떠나고 말았다.

이때 소수림왕은 그의 아우에게 왕의 자리를 물려준다는 유언을 남겼다.

유언에 따라 왕위에 오른 소수림왕의 동생이 바로 고구려 제18대 고국양왕이었다.

소수림왕의 유언에 따라 뜻하지 않게 임금이 된 고국양왕은, 왕위에 오르자마자 제일 먼저 군사의 힘을 키우는 일에 힘썼다.

"지금 고구려가 해야 할 가장 시급한 일은 군사를 길러 영토를 넓히고, 나라의 힘을 키워 그 어느 나라도 우리를 넘보지 못하게 하는 것이다."

이렇게 하여 고국양왕은 군사들을 많이 뽑고 훈련을 철저히 시켜 나라의 힘을 튼튼히 길렀다.

마침내 고국양왕은 그동안 가깝게 지냈던 전진을 꺾고, 후연의 요동성을 공격하여 전연에 당한 치욕을 되돌려 주었다.

"고구려 병사들아, 요동성을 쳐라!"

"아! 드디어 요동성을 점령했다. 그동안 맺혀 있던 한을 풀었구나."

그러나 고구려는 얼마 되지 않아 후연에게 요동성을 되돌려 주고 말았다.

"이런 때일수록 용기를 잃으면 안 되지. 뒷날을 위하여 더욱더 군사력을 키워야 한다."

고국양왕은 자신의 뒤를 이을 담덕에게 애국심을 불어넣어 주기 위해 선조와 고구려에 대한 이야기를 늘 해 주었다.

지금까지 수백 년 동안 끊임없이 전쟁에 시달려 온 고구려 백성들, 그리고 전쟁에 패배하여 여러 차례 파괴되었던 고구려. 그러나 그때마다 다시 일어선 끝에 꿋꿋이 지켜 온 고구려. 전쟁으로 돌아가신 할아버지…….

이런 고난의 역사를 지닌 고구려를 담덕은 누구보다도

가슴 아프게 생각했다.

  담덕의 어린 가슴 속에는 조국 고구려에 대한 불꽃 같은 애국심이 조금씩 타오르고 있었다.

역사 속으로

동명성왕 (기원전 58~기원전 19)

고구려의 첫 번째 왕으로서 기원전 37년에 고구려를 세웠다. 성은 고, 이름은 주몽이다.

<삼국사기>나 <삼국유사>에 따르면, 하백의 딸 유화가 천제의 아들 해모수와 정을 통하고 가족으로부터 버림받았다. 그 뒤 북부여의 왕 금와를 만나 그의 궁중에 갇혀 있다가 알을 낳았는데, 여기서 태어난 아기가 '주몽'이다. 주몽이란 이름은 부여의 속어로 '활을 잘 쏜다'는 뜻이라고 전해진다.

총명하고 활을 잘 쏘아 궁에서 사랑받던 주몽은 금와왕의 왕자들과 신하들이 그 재주를 시기하여 죽이려 하자 남쪽으로 도망쳐, 압록강의 지류인 동가강 유역 졸본에 이르러 도읍을 정하고 나라 이름을 고구려라 정했다. 그 뒤 비류국 송양왕의 항복을 받았고, 태백산 동남쪽 행인국을 정벌했으며, 기원전 28년에는 북옥저를 멸망시켰다.

기원전 19년 왕이 죽자 시호를 동명성왕이라 했으며, 동부여에서 찾아온 왕자 유리가 왕위를 계승했다.

고구려 시조인 동명성왕의 능

요동성

요동 지방에 있는 고구려의 성 가운데 중심이 되는 성으로, 방비가 튼튼했다. 405년(광개토태왕 15년)에 후연의 왕 모용희가 공격했으나 함락시키지 못했고 수나라의 여러 차례 침입 때도 함락되지 않았다. 그러나 645년 당나라 태종이 고구려에 침입, 온갖 무기들을 동원하여 요동성을 공격했고 이때 함락당했다. 이 당시 고구려는 전사자 1만여 명, 포로 1만여 명, 민간인 포로 4만여 명, 양곡 50만 석을 빼앗기는 등 큰 피해를 보았다고 전해진다.

요동성의 모습은 1953년 평안남도 순천시 용봉리에서 발견된 요동성총의 요동성 그림을 통해 알 수 있다. 성은 장방형 모형을 하고 있으며 내성과 외성의 2중 구조로 되어 있다.

전연

연이라고도 하며 중국 5호 16국의 하나로 337년부터 370년까지 존속했던 나라다. 3세기 말 선비족의 추장 모용외는 극성에 도읍을 정하고 나라 이름을 대선우라 불렀으며 진의 관리를 받는 반독립적 체제로 나라의 틀을 만들었다.

337년 아들 황 때에 연왕이라 칭하고, 허베이성 북부를 지배하에 두었다. 또 도읍을 용성으로 정하고 고구려의 도읍 환도를 함락시켰다.

345년 진의 연호를 쓰지 않기로 정하고 이후 자손을 황제로 칭했다. 한때 산둥·산시·허난·랴오닝 등에까지 세력이 미쳤으나, 370년 모용위 때 전진에게 멸망했다.

일반적으로 370년 전진에 의해 망할 때까지 존속한 '연'을 전연이라고 부른다.

요동 정벌을 꿈꾸다

나라 안은 담덕 태자의 칭송으로 가득 찼다.

어디를 가든지 자신의 이야기가 이렇게 널리 퍼져 있다는 것에 담덕은 적이 놀랐다.

그러면서도 이렇게 백성들의 칭송이 높아 갈수록 한편으로 담덕의 마음은 더욱 무거워졌다.

어느 날이었다.

새벽이 되자 담덕은 갑옷을 갖추어 입고 혼자서 국내성을 빠져나왔다. 새벽 공기는 차가웠고, 밤새 내린 눈으

로 산과 들은 온통 하얀 세상이었다.

　담덕은 무술 연습을 하기 위해서 장군봉으로 올라갔다. 장군봉은 매우 험한 산봉우리였다.

　담덕은 장군봉 기슭의 나무숲을 지나 가파른 벼랑을 올라갔다. 좁고 험한 벼랑을 오르는 동안, 담덕의 온몸은 땀으로 흠뻑 젖었다. 발아래는 까마득한 절벽이었다.

　담덕은 멀리 남쪽을 바라보았다.

　"으음……, 저 평양성이 바로 할아버지의 원한이 서린 곳이로구나."

　담덕은 다시 북쪽으로 눈을 돌렸다. 그쪽에는 광활한 요동 벌판이 끝없이 펼쳐져 있었다.

　'지금은 오랑캐의 땅이 되어 버렸구나. 좋다, 그러나 언젠가는 저 요동 벌판도 내 손으로 되찾으리라. 내 기어코 고구려의 국토를 넓힐 것이다.'

　담덕은 마음속으로 굳게 결심하며 입술을 지그시 깨물었다.

　이를 악물고 벼랑을 기어오른 담덕은 마침내 장군봉의

바위에 올라섰다.

그 순간 담덕은 깜짝 놀랐다. 바로 앞의 바위 위에 송아지만한 곰 한 마리가 담덕을 노려보며 덤빌 듯이 으르렁거리고 있는 것이 아닌가!

담덕은 순간 가슴이 철렁했다.

그러나 '호랑이에게 물려 가도 정신만 차리면 산다.'라는 말을 생각하며 용기를 냈다.

담덕은 재빨리 화살을 뽑아 활시위에 걸었다. 그러고는 곰을 노려보며 마치 장군처럼 우렁찬 목소리로 외쳤다.

"이놈! 어서 덤벼라!"

담덕은 곰이 덤비면 그 눈을 쏘리라고 마음먹었다.

곰과 담덕은 서로 한 발짝도 물러서지 않은 채 노려보았다. 무서운 눈싸움을 계속하는 동안에 아침 햇살이 산봉우리에 쏟아져 내렸다.

이윽고 곰이 한 번 크게 으르렁거리더니 슬그머니 꼬리를 사리며 산 밑으로 사라져 버렸다.

'내가 이겼다!'

담덕은 기뻤다. 그러나 온몸의 힘이 쭉 빠져서 더 이상 그 자리에 서 있을 수가 없었다. 그는 바위에 털썩 주저앉았다.

'저 곰은 내 담력을 시험해 보려고 조상님이 보내신 것일지도 모른다.'

이런 생각을 하자 새삼스럽게 용기가 치솟았다.

"나를 무서워하지 않는 놈을 골라잡으리라! 그런 놈은 호랑이다. 오늘의 내 목표는 사나운 호랑이다."

담덕은 호랑이 굴을 찾아갔다. 그때 오른쪽 절벽 아래에서 숲을 뒤흔드는 것 같은 무서운 소리가 들려왔다.

'아! 저 울음소리는 틀림없이 호랑이의 소리다!'

담덕은 만반의 준비를 하고 소리가 나는 쪽을 살폈다.

천지를 삼킬 듯 크게 울부짖은 호랑이는 몸을 날리며 담덕 쪽으로 다가서더니 우뚝 서서 노려보는 것이었다.

우리 설화나 민담에 많이 등장하는 호랑이

 담덕은 호랑이를 보면서 다른 호랑이가 또 있는지 살폈으나, 다행히 호랑이는 한 마리뿐이었다.
 '아! 눈에서 불을 뿜는 것 같구나! 흠, 공격할 마음은 없는 것 같은데. 좋아! 내가 오늘, 널 처치해 주마! 받아라!'
 담덕은 버티고 선 호랑이의 두 눈 사이를 겨냥하여 있는 힘을 다해 화살을 당겼다.
 화살은 칼날 같은 바람을 일으키며 쏜살같이 날아가 호랑이의 두 눈 사이에 꽂혔다.
 화살을 정통으로 얻어맞은 호랑이는 앞발을 번쩍 들어 '크르릉' 하는 무서운 소리를 지르며 몸부림을 쳤다.

사냥하는 고구려인의 활달한 기상이 나타나 있는 무용총 수렵도(6세기, 중국 길림성 집안현)

화가 치민 호랑이는 견딜 수 없다는 듯이 전속력으로 담덕에게 달려들었다.

담덕은 아주 침착한 자세로 말머리를 약간 옆으로 돌리면서 두 번째 화살을 날렸다.

"씨잉!"

화살은 골짜기의 싸늘한 공기를 가르며 호랑이의 목에 정통으로 꽂혔다.

머리와 목에 화살을 하나씩 맞은 호랑이는 더 이상 버티지 못하고 쓰러졌다.

"쿵!"

호랑이가 땅 위로 털썩 쓰러지는 소리는 요란하고도 길게 메아리쳤다.

"참으로 싱거운 싸움이로구나! 숲속의 왕인 호랑이도 화살 한 방에 맥없이 쓰러지다니……."

담덕은 너무 빨리 싸움이 끝나 오히려 싱거워졌다.

'이 호랑이를 말안장 위로 올려놓아야 할 텐데…….'

담덕은 이렇게 생각하고 고삐를 호랑이의 발에 걸고 바위 쪽으로 끌고 갔다. 그리고 말을 쭈그리게 한 뒤 호랑이를 말안장에 걸쳐 얹었다.

그러는 사이에 담덕의 갑옷에는 호랑이 피가 묻었다.

담덕은 조심스럽게 말의 등을 두드리며 말을 일으켜 세웠다.

"태마야, 일어서라! 호랑이를 올려놓았으니까 조심해서 일어나야 해."

말은 침착하게 앞다리부터 펴면서 일어났다.

그제야 담덕은 마음이 상쾌해졌다.

"태마야, 가자. 궁궐로……."

호랑이를 말안장 한쪽에 얹은 담덕은 땀을 뻘뻘 흘리면서 궁궐로 돌아왔다.

"도대체 태자님은 어디로 가신 거지?"

한편, 궁궐 안에서는 갑자기 사라진 담덕 때문에 시중을 드는 궁인들이 애간장을 태우고 있었다.

마부의 이야기를 들어 담덕이 사냥을 나간 것은 알고 있었지만 어디로 무엇을 잡으러 갔는지는 아무도 몰랐다.

그때 담덕이 땀에 흠뻑 젖은 채 말잔등에 커다란 호랑이를 얹고 나타났다.

"아니? 태자님! 어찌 된 일이 옵니까? 상감마마께서 얼마나 찾으셨는지 모르옵니다."

"찾으시다니? 무슨 일로……."

담덕이 어전 앞으로 들어가자 사람들은 매우 놀라며 입을 딱 벌릴 수밖에 없었다.

갑옷에 투구를 쓰고 땀을 뻘뻘 흘리는 담덕의 모습이 마치 전쟁터에서 막 승리를 거두고 돌아온 장군과도 비슷했기 때문이다. 더구나 태자 담덕의 갑옷에는 여기저기 붉은 피가 묻어 있었다.

이를 본 임금이 근엄한 목소리로 물었다.

"아니! 태자! 그게 무슨 꼴인고?"

"아바마마! 황송하옵니다. 실은 아바마마를 기쁘게 해 드리려고 호랑이 사냥을 다녀왔습니다."

"뭐? 호랑이 사냥을 혼자서?"

"네, 아바마마!" "호랑이는 잡았느냐?"

"네, 큰 놈을 한 마리 잡았습니다."

"호랑이는 어디에 있는고?"

"궁궐 안마당에 있습니다."

"어디 보자! 호랑이 새끼나 잡았겠지."

"아바마마, 바로 여기 있사옵니다."

"앗! 정말 큰 호랑이를 잡았구나! 장하다, 장해! 태자야."

임금의 입에서는 놀라움에 가득 찬 탄성이 터져 나왔다. 임금의 뒤를 따라온 몇몇 대신들은 놀라움 속에서도 무엇인지 모를 두려움을 느꼈다.

"담력이 정말 대단하지 않은가?"

"혼자서 호랑이 사냥을 가고, 또 저렇게 큰 호랑이를 잡아끌고 왔으니 정말 대견한 일이 아니겠는가!"

백관들은 이렇게 이야기하면서 담덕을 눈여겨보았다.

갑옷과 투구 차림을 하고 혼자서 호랑이 사냥을 나가, 멋지게 호랑이를 잡아 온 담덕의 마음 뒤에는 장차 이 나라의 영토를 넓히고, 잘못된 것을 고치며 어떤 무서운 상대와도 능히 맞서 이기고야 말겠다는 강한 의지가 숨어 있었다.

담덕 태자는 말타기·활쏘기·검술 등의 무술을 꾸준히 익히고, 병서를 읽어 훌륭한 지혜를 갖추었다. 또한 불교의 진리를 공부하여 불도에도 높은 경지에 이르렀다.

날이 갈수록 담덕 태자의 인품과 무예는 무르익어 갔다.

백성들과 궁궐 안의 중신들은 차츰 담덕 태자의 훌륭한 인품을 흠모하기 시작했다.

지혜로는 나라 안에서 따를 자가 없었으며, 담력과 용기 또한 아무도 당할 사람이 없을 정도로 뛰어났고 체격도 우람했다.

담덕 태자는 몸을 튼튼히 하기 위해 애썼을 뿐 아니라 무엇보다도 너그러운 인품을 갖추기 위해 더욱더 애쓰면서 왕이 될 날을 기다렸다.

이렇듯 담덕 태자의 믿음직스러운 모습에 부왕인 고국양왕도 어서 왕의 자리를 물려줄 때가 오기를 기다렸다.

"과연 고구려의 태자답게 훌륭하구나. 이제는 이 왕의 자리를 물려주어도 조금도 부족함이 없을 것이야. 내가 이 자리에서 물러날 때가 왔구나."

고국양왕은 늘 이렇게 칭찬하며 담덕 태자를 미더워했다.

"아바마마, 당치않은 말씀입니다. 소자는 아직도 부족한 것이 너무 많사옵니다."

언제나 담덕 태자는 자신을 앞세우기보다는 이렇게 부왕을 극진히 받들어 모셨다.

그러던 어느 날, 고국양왕은 담덕 태자를 내전으로 불러들였다. 고국양왕은 이미 나랏일을 볼 수 없을 정도로 병이 깊을 대로 깊어져 있는 상태였다.

"태자는 게 앉거라."

고국양왕은 곁에 가까이 앉은 담덕의 늠름한 모습을 흡족하게 바라보았다. 그러고는 비장한 표정으로 왕의 자리를 물려 주는 유언을 했다.

"태자는 잘 들어라."

"네, 아바마마."

"이제 아비의 명은 다했노라."

"아바마마!"

"이제 태자는 왕위를 이어받고 백성을 잘 다스려서 존경받는 임금이 되어야 한다."

"아바마마, 부디 건강을 회복하소서."

"그리고 각별히 부탁할 것은, 돌아가신 선왕들의 원수를 갚고 옛 땅도 다시 찾아 강대한 고구려를 만들어 주기 바란다."

고국양왕의 음성은 토막토막 끊기면서 이어졌다.

"아바마마! 지금 돌아가시면 안 됩니다. 소자에게 힘을 더 주셔야 하옵니다."

하지만 담덕의 간절한 소망에도 불구하고 고국양왕은 조용히 눈을 감고 말았다. 가슴에 맺힌 한을 하나도 풀지 못하고 겨우 유언만 남긴 채 세상을 떠난 것이다. 제18대 임금으로 왕위에 오른 지 겨우 8년째 되던 해였다.

"아바마마! 아바마마!"

담덕 태자는 굵은 눈물을 뚝뚝 떨어뜨리며 슬프게 울었다. 중신들의 곡소리도 궁궐을 뒤흔들 듯 요란하게 울렸다.

"마마! 마마! 흐흑……."

"아바마마, 잘 알았습니다. 소자는 그 오랑캐놈들을 절대 가만두지 않겠습니다. 모조리 밀어내어 튼튼한 고구려를 아바마마의 영전에 꼭 바치겠습니다."

담덕 태자의 흐느낌은 누구보다도 애절하기만 했다.

"안심하시고 편히 잠드소서. 그리고 소자에게 힘을 주소서, 아바마마."

담덕 태자에게 부왕을 잃은 슬픔은 대단히 컸다. 그러나 지금은 슬퍼하고만 있을 때가 아니었다. 담덕 태자는 왕위에 올라 당장 고구려를 다스려야만 했기 때문에 슬픔을 딛

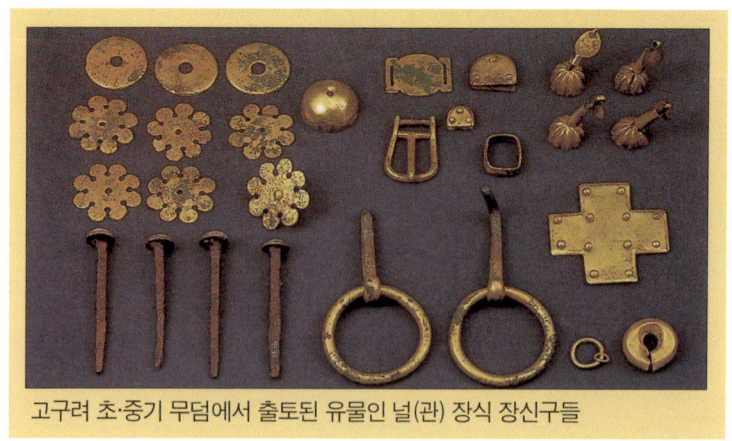

고구려 초·중기 무덤에서 출토된 유물인 널(관) 장식 장신구들

고 일어서야만 했다.

이렇게 하여 담덕 태자는 고구려의 제19대 임금의 자리에 올랐다. 이때가 391년의 일로, 담덕 태자의 나이는 열여섯 살이었다. 담덕 태자가 왕위에 오르자 온 백성으로부터 절대적인 환영을 받았다.

연호(임금이 그 자리에 오른 해에 붙이는 칭호)는 '영락'이라고 정했다. '영락'이라는 연호는 '오래오래 즐겁다'는 뜻으로 고구려가 오래도록 번창하고 부강하며 복을 받으라는 기원이 담겨 있었다. 그래서 당시 사람들은 광개토태왕을 '영락 대왕'이라고 부르기도 했다.

"과인이 영락이란 연호를 붙이는 이유는 백성들로 하여금 고구려인으로서의 긍지를 갖도록 하게 함이요, 나아가 우리 고구려가 떳떳한 독립 국가임을 나타내며 나라 사랑하는 마음을 충만하게 갖자는 뜻이니라."

"성은이 망극하옵니다, 마마. 마마를 받들어 중신들은 충성을 다하겠습니다."

언제나 앞서서 창의적인 생각을 해내는 영락 대왕 앞에서 여러 중신들은 그저 탄복할 뿐이었다.

이 임금이 바로 광개토태왕이었다.

제19대 임금이 된 광개토태왕은 정사를 어떻게 펼쳐 나갈 것인가에 대해 늘 고심했다.

'어떻게 하면 나라를 강하게 하고, 백성들을 평안하게 살게 할 수 있을까?'

이렇게 밤잠을 설치며 고심하던 광개토태왕은 어느 날 대신들을 불러 나라의 앞날을 의논했다.

"동명성왕이 본디 큰 땅에 나라의 기반을 잡으셨으나 갈수록 우리 국토는 줄어들고 있소. 또한 남쪽의 신라와 백제, 북쪽의 중국과 여진*이 자주 침략해 오기 때문에 우리 백성들은 단 하루도 마음 편할 날이 없소. 어찌하면 강하고 평화로운 나라를 만들 수 있겠소?"

"대왕마마, 먼저 군사를 키워야 합니다."

"나라의 법을 올바로 다스려 모든 백성이 조정을 믿고 따르게 해야 합니다."

대신들의 말을 들은 광개토태왕은 즉시 명령을 내렸다.

"지금부터 나라의 질서를 바로잡는 데 힘쓰고, 법을 어기는 자는 엄하게 다스리시오. 살인한 자는 사형에 처하고, 도둑질한 자는 훔친 물건의 열두 배를 물어 내도록 하시오. 가난한 백성의 세금을 덜어 주고, 나쁜 짓을 하는 관리를 벌주며, 좋은 정치를 하는 관리에게는 상을 내리도록 하시오."

여진

우리나라와 만주의 국경 지대를 중심으로 만주 일대에 살던 퉁구스 계통의 야만 민족. 고구려의 지배를 받고 있던 여진은 신라가 삼국을 통일하자 통치 조직도 없이 흩어져 살았다.
그 후 완옌부 추장 아구다가 여러 부족을 통일하여 1115년에 금나라를 세웠다.

금나라의 수도였던 상경 회령부의 터에 있는 비석(중국 하얼빈)

"네, 분부대로 시행하겠습니다."

광개토태왕의 명령은 곧 실천에 옮겨졌다. 새 임금을 절대적으로 칭송하던 백성들은 더욱더 임금의 정책에 대해 칭찬하며 따랐다.

"아, 우리도 이제는 잘살게 되었구나."

"대왕님은 정말 하늘이 내린 임금님이셔!"

백성들은 기뻐서 어쩔 줄을 몰라 했다.

그리하여 고구려는 점점 강대한 나라로 발전했다. 스스로 병사가 되겠다고 나서는 사람이 날로 늘었다.

광개토태왕은 농촌을 직접 다니며 저수지를 만들고 개간하도록 일렀다.

또 병사들의 훈련장에도 몸소 나가 격려해 주었고 사냥 대회도 열어 여러 병사들과 함께 사냥했다.

광개토태왕의 슬기로운 정치로 인해 도둑은 자취를 감추었고, 백성들은 한마음으로 뭉쳤다.

광개토태왕은 특히 어떤 나라의 침략도 막아 낼 수 있는 강한 군사력을 기르는 데 많은 역점을 두었다.

"됐어, 이젠 나라 밖의 일을 해결해야겠군."

광개토태왕은 제일 먼저 해결해야 할 나라 밖의 일이 백제와의 관계라고 생각했다.

백제와 싸우다

백제는 고국원왕 때부터 지금까지 고구려와 크고 작은 싸움을 계속해 왔다. 평양성을 두고 승자도 패자도 없는 싸움을 오래 끌어오는 동안, 백제와 고구려 사이에는 서로 원한과 증오심만 커지고 있었다.

광개토태왕은 백제를 깨끗이 쳐부수어 선왕들의 원한을 풀어 드리겠다고 마음먹었다.

'제일 먼저 복수해야 할 나라는 백제다!'

이렇게 생각한 광개토태왕은 승리를 거두기 위해 치밀한

전략을 짜기 시작했다.

'어떻게 공격할 것인가? 가장 적은 피해로 승리하는 방법은 무엇인가?'

광개토태왕은 먼저 그동안 바뀐 백제 병사들의 형편을 알아 내야 한다고 생각했다. 다음에는 지도를 펼쳐 놓고 지형*을 연구하며 공격할 방법을 궁리했다.

어느 날, 광개토태왕은 장안성 벌판에 마련된 군사 훈련장으로 직접 나섰다.

"장한 군사들이여! 그대들의 뜨거운 충성으로 이 나라 고구려는 번영할 것이다! 이제 우리는 선왕들의 유업을 받들어 나라의 영토를 넓히고 백성들이 편안하게 살 수 있도록 터전을 닦아 주어야 함은 물론이다. 그

지형

지구 표면의 자연적인 형태. 산, 골짜기, 평야, 하천, 해안, 해저 등 지구 표면의 높낮이나 굴곡 등의 생김새를 말하며, 그 모양이나 생성 원인에 따라 여러 가지로 분류된다.

험난한 지형으로 유명한 그랜드캐니언. 미국 애리조나주 북부에 있다.

런 막중한 일에 여러분들이 기꺼이 뛰어드니 짐의 마음은 더없이 기쁘도다."

광개토태왕은 이렇게 칭찬한 후 지금까지 싸움터에 나가 있던 병사들까지 합쳐 군대 조직을 새로 짰다.

이렇게 해서 고구려 병사들의 사기는 하늘을 찌를 듯 높았고, 언제든 전쟁에 출전할 만반의 준비를 마치게 되었다.

광개토태왕은 392년 7월, 우선 5만 군사를 이끌고 의기양양하게 남쪽으로 달려갔다.

평소에는 그렇게 인자한 광개토태왕이 전투 준비를 하고 나서니 호랑이 같은 용맹함과 서릿발 같은 위엄이 풍겨 나왔다.

"자, 이제 백제를 치는 일만 남았다."

"고구려 만세! 대왕님 만세!"

광개토태왕 앞에 선 병사들은 칼과 창을 높이 치켜들고 환호성을 질렀다.

"고구려 군사가 얼마라더냐?"

한편 백제의 진사왕은 고구려군이 쳐들어온다는 보고를

받고 광개토태왕의 용맹과 지략에 대한 소문을 듣고 있었던 터라 걱정이 이만저만이 아니었다.

"5만이라고도 하고 10만이라고도 합니다."

'허, 대군이로군. 더구나 고구려 왕은 전술이 뛰어나다던데……. 이를 어찌하면 좋을까? 이번 전투에는 내가 직접 나서지 않는 것이 좋겠어. 그렇다면…….'

곧 진사왕은 군사들을 소집하여 출전 명령을 내렸다.

"담덕이 전술에 능하다고는 하나 아직 스무 살도 안 된 애송이오. 하룻강아지 범 무서운 줄 모른다더니, 바로 그를 두고 한 말인가 하오. 그대들이 나가 기필코 그의 목을 베어 온다면 내 상금을 후하게 내리리다. 그놈을 그의 할아버지 고국원왕처럼 싸움터의 귀신으로 만들어 버리길 바라오. 알겠소?"

"네, 마마!"

백제의 군사들이 만반의 준비를 하는 사이 고구려 군사들은 드디어 평안도를 지나 황해도의 석현(지금의 황해도 재령과 평산 부근)에 다다랐다.

"저기 적의 성이 보인다! 북을 울리고, 선봉장은 어서 군사를 이끌고 공격하라!"

"자, 공격이다!"

광개토태왕의 우렁찬 목소리가 드높이 울려 퍼졌다.

"둥둥둥!"

"둥둥둥!"

전투를 다그치는 북소리가 점점 크게 울려 퍼지자 고구려 병사들은 그 북소리에 홀린 듯이 돌진했다.

"단번에 쳐부숴라!"

광개토태왕은 아버지 고국양왕에게서 받은 보검을 높이 치켜들고 선두에서 군사들을 지휘했다.

그러니 백제의 병사들로서는 이런 고구려 병사들의 사기에 눌린 나머지 도저히 고구려군을 막아 낼 도리가 없었다.

백제 병사들의 시체가 순식간에 수북이 쌓였으며, 부상자들의 신음이 석현성안에 가득했다.
　진사왕은 고구려군을 물리칠 방법을 이리저리 궁리했다. 그는 광개토태왕이 아직 어린 소년이라는 약점을 이용해야겠다고 생각했다.
　그것은 광개토태왕이 전쟁의 경험이 없고 나이가 어리므로 엄포를 놓아 겁을 주면 고구려 병사들은 쉽게 흩어질 것이라는 묘책이었다.
　"고구려 왕에게 알린다. 너는 너무 어려서 나의 전술을 당해 내지 못할 터이니 군대를 거두어 빨리 돌아가거라. 만약 그렇지 않으면 너의 할아버지가 당한 것보다 더 처참한 패배를 당할 것이다!"
　백제의 진사왕은 그 옛날 백제에 무참하게 패배한 고국원왕의 일을 상기시켜 광개토태왕에게 겁을 주려고 했다.
　그러나 그 말을 들은 광개토태왕은 겁을 먹기는커녕 가슴속에 맺힌 원한이 한꺼번에 치솟기 시작했다.
　"여봐라! 백제 병사들을 한 놈도 남기지 말고 모조리 잡아 목을 베어라! 저 백제의 왕을 사로잡는 자에게는 내 특별히 상을 내리겠다."

울분에 찬 광개토태왕의 명령은 서릿발 같았다.

그러자 고구려 병사들은 개미 떼처럼 석현성안으로 들어가 백제 병사들을 닥치는 대로 쳐부수었다.

마침내 큰소리를 탕탕 치던 진사왕도 백제군이 거의 전멸했음을 알고 군사 몇 명만 데리고 석현성 뒷문으로 도망쳤다.

"백제 왕이 도망쳤다!"

"와아! 성을 빼앗았다."

고구려군은 광개토태왕의 명령에 따라 숨 돌릴 여유도 없이 잇달아 주위의 성을 무찔렀다. 결국 10여 개의 성은 고구려군에 의해 함락되고 말았다.

이것으로 백제에 늘 당하기만 하던 고구려가 20여 년 만에 처음으로 통쾌한 승리를 거둔 것이다.

"고구려 만세! 영락 대왕 만세!"

백성들은 거리로 쏟아져 나와 이기고 돌아오는 광개토태

왕과 군사들을 반갑게 맞았다.

　백제와의 첫 싸움에서 큰 승리를 거둔 광개토태왕은 그해 10월, 제2차 백제 정벌에 나섰다.

　"우리의 목표는 황해도 남쪽 관미성이다. 관미성을 차지한 뒤에 서해안 일대를 정벌하고 한성을 정복하자. 자! 관미성을 겹겹이 에워싸라!"

　백제 병사들은 석현성에서 당한 패배를 되풀이하지 않기 위해 철저히 방어하고 있었다.

　광개토태왕이 관미성을 공격하자 백제군도 팽팽히 맞섰다.

　'안 되겠다. 이런 전술로는 승부가 나지 않을 것 같구나.'

　광개토태왕은 지혜를 짜내 새로운 전술로 바꾸기로 했다.

　"너희들은 지금부터 저녁때까지 기름 방망이를 두 개씩 준비하도록 해라. 그리고 어둠을 틈타 관미성 밑으로 들어가 성곽의 전망대를 각 하나씩 맡도록 하라. 내일 첫닭이 울 때까지 기다렸다가 내가 불화살로 신호를 하면 기름 방망이에 불을 붙여 제1 전망대부터 차례차례 던져 넣어라."

광개토태왕의 새로운 전술은 불을 이용한 것이었다.

"지금부터 전 진영은 불을 환히 밝혀 우리들의 움직임이 백제군에게 똑똑히 보이도록 하라!"

영문을 모르는 고구려군은 어리둥절했다.

불을 환히 밝히니 몸을 숨겨야 하는 고구려 병사들의 움직임이 다 보이게 되었다.

"자! 지금부터 다른 명령이 있을 때까지 흥겹게 마음껏 즐기도록 하라."

이어서 술과 음식들이 잔뜩 날라져 왔다. 동정을 살피던 백제의 군사들은 이 광경을 보고 안심하기 시작했다.

"저놈들! 오늘 밤엔 휴식이구나."

"얼씨구! 잘들 노네."

"우리도 오랜만에 잠 좀 자겠군."

백제의 경비병들은 고구려 군사들의 소란한 잔치에 정신이 팔려 있었다. 그래서 전망대 밑으로 기어드는 고구려 병사들의 움직임을 눈치채지 못하고 있었다.

"쉿, 조용히!"

삼경이 지나자, 백제의 경비병들은 안심하고 잠 속에 빠져들었다.

"드르렁! 쿨쿨!"

이때를 기다렸던 광개토태왕은 불화살 하나를 하늘 높이 쏘아올렸다. 이것을 신호로 고구려의 병사들은 기름 방망이에 불을 붙여 관미성안으로 던져 넣었다.

"불이야! 불이야!"

갑자기 불길을 본 백제 병사들은 허겁지겁 몰려다니며 불을 껐다. 허둥지둥 불을 끄다 지친 관미성 안의 병사들은 정신을 차릴 수 없었다.

이 기회를 노리고 있던 광개토태왕은 총공격 명령을 내렸다.

"총공격하라! 총공격!"

그렇게 완강하게 버티던 관미성은 동이 트기도 전에 간단히 함락되고 말았다.

"광개토태왕 만세! 고구려 군대 만만세!"

백제 초기의 도읍으로 추정되는 몽촌 토성(서울 송파구 방이동)

 고구려에 연거푸 패한 백제의 진사왕에 대해 백성들의 원망은 갈수록 커져만 갔다. 그러던 중 진사왕은 조카 아신에게 죽임을 당하고 아신이 백제의 제17대 임금이 되었다.
 왕위에 오른 아신은 앞으로 백제를 지켜 나갈 책략들을 궁리했다. 그래서 먼저 고구려에게 빼앗긴 성들을 되찾아 백성들의 사기를 북돋워 주기로 했다.
 아신왕은 자기 외삼촌인 진무 장군을 총지휘관으로 임명하고, 고구려 병사들을 무찔러 빼앗긴 관미성을 되찾으라고 명령했다.
 "진무 장군! 우리가 빼앗긴 관미성을 다시 찾아 백제의 체면을 세워 주시오."

"상감마마! 신은 맹세합니다. 기어코 관미성을 되찾아 마마를 기쁘게 해 드리겠습니다."

"고맙소! 장군!"

궁궐에서 나온 진무는 정예 병사 8천 명을 거느리고 관미성을 향해 진군했다.

때는 한창 무더운 8월이었다. 진무가 이끄는 백제 군사들이 관미성을 포위하고 무섭게 공격을 퍼부었다.

이 소식을 들은 광개토태왕은 친히 병사 7천 명을 뽑아 관미성으로 향했다.

"좌수 장군."

"네, 마마."

"장군은 관미성으로 군사를 이끌고 들어가 성안의 우리 군사를 도우시오."

"알겠습니다, 마마."

"우수 장군."

"네, 마마."

"장군은 군사 2천을 이끌고 백제군 뒤편으로 가시오. 그리하여 백제의 모든 보급 물자가 오는 길을 철저히 막으시오."

"네, 알겠습니다."

광개토태왕의 명령을 받은 고구려군은 이렇게 두 갈래로 나뉘어 진격했다.

한편, 백제의 진무 장군도 관미성을 탈환하기 위해 죽음을 무릅쓰고 공격했다.

"쏴라!"

그러나 관미성안의 고구려 군사들이 그에 못지않은 용기를 내어 공격하자 백제군도 당해 내기가 어려울 정도였다. 게다가 고구려의 좌수 장군이 이끄는 군대까지 쳐들어와

망루

망을 보기 위해 높다랗게 만들어 놓은 구조물. 옛날에는 궁궐이나 성곽 등에 침입자를 감시하기 위해 만들었으나, 오늘날에는 소방서에 설치한 화재 발견을 위한 망루, 교도소 등의 도망자를 감시하기 위한 망루 등이 있다.

수원성 공심돈의 망루

백제 진무의 군사는 중간에 놓여 오도 가도 못하면서 이중 공격을 받는 신세가 되고 말았다.

거기다가 보급로까지 끊겨 식량이며 병기가 제때 보급되지 못하자 크게 당황했다.

"분하다. 그놈의 용병술에 또 당했구나. 보급로가 끊기고 많은 병사들이 죽거나 포로가 되었으니 물러설 수밖에 없구나. 배를 대라. 바다로 후퇴하자!"

진무 장군은 분했지만 입술을 깨물며 군대를 돌려 후퇴하라고 명령했다.

그러나 아신왕은 단념하지 않았다. 열심히 군사를 길러 이듬해인 394년, 다시금 진무 장군에게 수곡성을 치게 했다.

"화살을 비 오듯 퍼부어라!"

그러나 수곡성에서도 고구려의 물샐틈없는 방어와 작전으로 백제군은 또 처참하게 패했다.

"으악!"

"안 되겠다! 후퇴하라!"

그런데도 백제는 끈질기게 고구려를 침략해 왔다.

 395년, 다시 진무 장군이 군사를 이끌고 고구려를 공격해 왔다. 그러나 백제는 고구려의 적수가 되지 못했다.

 이번에도 진무 장군은 많은 군사를 잃고 눈물을 삼키며 후퇴하는 수밖에 없었다.

 "에잇, 바보 같은 놈들! 이번에는 내가 직접 군사를 이끌고 나가 싸우겠다. 여봐라! 지금 당장 병사들을 집합시키고 출전 준비를 하라!"

 "마마! 지금은 안 됩니다. 병사들은 지칠 대로 지쳐 있고 고구려 병사들의 사기가 매우 높아 지금은 때가 아닌 줄로 아뢰오."

 백제의 장수들과 중신들은 아신왕을 말렸으나 머리끝까지 화가 치민 아신왕은 끝내 듣지 않았다.

 때는 한겨울이라서 싸움하기에는 아주 어려운 조건이었다. 그러나 아신왕은 자기 뜻대로 병사들을 이끌고 척목령(지금의 경기도 개성 지방)으로 쳐들

어갔다.

이 소식을 들은 광개토태왕은 아주 태연한 표정이었다.

"성문을 닫고 방어만 하도록 하라."

공격하는데도 대항하지 않는 고구려 병사를 보자 백제 병사들은 사기가 올랐다.

하지만 백제군의 공격은 별 효과를 보지 못하고 성 주위를 맴돌 뿐이었다. 고구려군의 방어가 튼튼했기 때문이다.

이렇게 이틀이 지나자 강추위가 몰아쳤다. 추운 날씨에 적응하지 못하는 백제 병사들은 덜덜 떨다가 스스로를 지탱할 수 없게 되었다.

"자, 이제 우리가 공격할 때가 왔다. 공격하라!"

"와아!"

고구려 군사들이 성난 호랑이와 같이 달려들자 추위에 시달리던 백제 병사들은 정신없이 흩어져 버렸다.

광개토태왕은 이 강추위를 이용하여 한 명의 아군 희생자도 없이 백제군을 멋지게 물리친 것이다.

백제가 더 이상 싸울 기력을 잃게 되자, 광개토태왕은 전부터 귀찮게 굴고 있는 비려국을 치기 위해 말머리를 북쪽으로 돌렸다.

만주의 북쪽 송화강 유역에 자리 잡고 있는 비려국은 만주족의 한 갈래인 비려족이 세운 작은 나라로, 영토를 넓히기 위해 늘 고구려 북쪽을 침입해 오고 있었다.

고구려군은 수십 일 동안 말을 달려 마침내 비려국에 다다랐다. 살을 에는 듯한 강추위도 고구려군의 강철 같은 의지 앞에서는 아무 소용이 없었다.

대륙을 누벼 온 고구려군의 창과 칼은 피를 뿜었다. 싸움은 순식간에 끝났다.

"고구려 만세!"

"광개토태왕 만세!"

승리의 함성은 천지를 진동했다.

광개토태왕은 비려국을 정복하고 가축과 포로 등 많은 전리품을 가지고 돌아왔다.

이리하여 북만주의 넓은 땅이 고구려의 것이 되었다.

그러나 국내성에 도착한 광개토태왕에게 곧 새로운 소식

영토 확장에 나선 광개토태왕을 그린 민족 기록화

이 전해졌다.

"대왕마마, 백제가 왜의 도움을 받아 우리나라를 치려 한다는 소문이 있사옵니다."

"뭣이, 백제가 왜군을 끌어들인다고? 그렇다면 우리 쪽에서 먼저 공격해야겠다. 이번에야말로 백제 왕을 굴복시켜 선조들의 원한을 완전히 풀리라."

396년, 광개토태왕은 수군과 육군을 거느리고 총공격을 개시했다.

며칠 만에 고구려군은 백제의 위례성까지도 쉽게 손에 넣을 수 있었다.

이때 백제는 50여 개의 성을 점령당했고, 수백 개의 부락이 고구려의 손에 들어갔다.

백제 조정은 뒤숭숭해졌다.

"마마! 지금 고구려군이 위례성까지 쳐들어왔습니다. 이러다가는 한성마저 함락될 것이니 항복을 하고 화친을 맺을 것을 제의함이 좋은 줄로 아뢰오."

"그러하옵니다, 마마! 조금이라도 빨리 화친을 맺는 것이 옳은 줄로 생각되옵니다."

이렇듯 이젠 중신들까지도 흔들리고 있으니 아신왕 자신도 더 이상 어찌할 도리가 없었다.

"그럼 이제 과인이 결정하겠다. 지금 우리 백제의 실정으로는 고구려와 싸워 보았자 백전백패이다. 그러니 일단 화친을 내걸고 이 위급한 고비를 넘겨야 하겠다."

이렇게 결정을 내리고 난 아신왕은 고구려에 바칠 예물을 준비하여 예복으로 갈아입고 광개토태왕을 찾아갔다.

이 소식을 들은 광개토태왕은 아신왕을 맞이할 준비를 했다. 그리고 여러 신하들에게 경솔한 언행을 삼가도록 주의를 주었다.

"어서 오시오."

매우 심한 치욕을 당하리라고 생각했던 백제의 아신왕은 광개토태왕의 극진한 대접에 저절로 무릎을 꿇고 말았다.

"죄송하옵니다. 그 동안 계속 싸움만 걸어 괴롭힌 것을 진심으로 사과드립니다."

"고맙소. 본래 고구려와 백제는 동명성왕을 시조로 한 한 집안이 아니겠소? 그러니 우리는 서로 싸울 것이 아니라 함께 힘을 합하여 북쪽 오랑캐를 쳐야 하지 않겠소?"

"황공하옵니다."

"단 백제가 또 다른 야심을 품고 허튼수작을 할 때는 북쪽 오랑캐와 똑같이 보고 깨끗이 멸망시키겠소."

"대왕님의 뜻을 잘 알겠습니다. 그 징표로 해마다 조공을 바쳐 섬기겠습니다."

광개토태왕은 더 이상 백제를 공격하지 않기로 마음먹고 국내성으로 돌아왔다.

이로써 백제는 고구려와 싸우는 것은 엄두도 내지 못하

고 해마다 꼬박꼬박 조공을 바쳤다.

그러나 얼마 지나지 않아 아신왕은 고구려에 조공을 바치는 일을 멈추었다. 그것은 백제 아신왕의 마음속에 다시 야심이 고개를 들기 시작했기 때문이었다.

아신왕은 왜의 도움을 받아 그 힘으로 이번에는 신라를 쳐 볼 생각이었다.

그리하여 힘이 세지면 다시 고구려를 칠 속셈이었다.

영특한 광개토태왕은 백제의 이런 속셈을 금방 알아차렸다.

'음, 그렇구나. 그러나 백제는 아직 걱정할 것이 못 된다.'

광개토태왕은 경계를 소홀히 하지 않도록 지시해 놓고 북쪽 오랑캐를 칠 궁리에 몰두했다.

그런 광개토태왕의 얼굴에는 백제 땅과 넓은 만주 벌판을 고구려의 것으로 만들고 말겠다는 야심으로 가득 차 있었다.

역사 속으로

백제

삼국 시대에, 한반도 남서부에 있던 나라이다. 온조왕을 시조로 하여 기원전 18년 현재의 한강 북쪽의 하남 위례성에 도읍을 정하고 건국한 고대 국가로, 고구려·신라와 함께 삼국 시대를 이루었다. 백제의 건국 설화로는 삼국사기의 <백제본기> 편에 두 가지가 실려 있다.

백제 금동 대향로

한강 유역을 통합하고 율령을 반포하는 등 나라의 체제를 정비한 것은 고이왕이며, 근초고왕 때 마한 전역을 통합한 뒤 크게 발전하여 역대 31왕으로 이어지면서 660년까지 존속했다.

유리한 자연환경과, 지배층이 북방 유민을 바탕으로 한 단일

체제에 의해 이루어졌다는 등의 이점을 가지고 일찍부터 정치적·문화적으로 앞서 나갔다.

4세기 중엽에는 일본, 중국 랴오시 지방·산동 반도 등지와 연결되는 고대의 해외 상업 세력을 이루었으며, 특히 일본 고대 문화의 지도자 역할을 했다.

관미성

경기도 파주시 탄현면에 있던 백제 시대의 성이며 광개토 왕릉 비문에는 각미성이라고 기록되어 있다.

관미성은 고구려 국경과 접해 있는 요새로, 392년 광개토태왕이 이끄는 고구려군이 군사를 7개 방면으로 나누어 20일 동안 공격한 끝에 함락시켰다.

고구려 남진의 전략적 요충지였던 관미성의 위치는 오랫동안 정확히 밝혀져 있지 않아 학자들 간에 강화도, 예성강 연안의 중류, 하구의 남안과 북안, 황해도 연안 등 많은 설이 있어 왔다. 그러다가 1990년대 초 발굴 조사가 진행되면서 파주시 탄현면

에 있는 성터가 확인되었다.

왜(일본)

고대 중국이나 우리나라에서 일본인 또는 일본을 낮추어 부르던 이름이다. 당나라 때 스스로를 일본이라고 고쳐 부르기까지, 일본인 자신들도 중국과 통교할 때 왜라고 불렀다. <논형>에는 주나라에 조공했던 나라로 왜가 기록되어 있다.

왜의 존재는 한나라가 고조선을 침입하여 한사군을 설치한 이후에 알려졌을 것으로 보인다. 왜라는 명칭은 '순종하는 모습' 또는 '사람에 따른다'고 하는 말에서 비롯되었다. 하지만 그것이 일본인 또는 일본을 가리키는 말로 쓰인 것에 대해서는 후쿠오카현에 있는 이토의 약칭으로 이곳이 고대 일본과 대륙 사이의 교통 중심지였기 때문이라는 설, 동이(동쪽 오랑캐)의 성질이 순종적이라는 사고방식 때문에 동이인 일본인을 왜라고 불렀다는 설 등이 있다.

왜군을 무찌르다

때는 399년, 광개토태왕 9년이었다.

어떤 병사 하나가 급히 말을 달려 고구려 국경선을 넘어 국내성으로 들어왔다. 이 병사는 신라 왕의 서신을 가지고 오는 사신이었다.

이때 신라는 제17대 내물왕 44년이었다.

"대왕마마, 저희 신라는 아직 힘이 약한 나라이옵니다. 그런데 왜가 쳐들어와 선량한 백성들을 괴롭히고 있사오니, 대왕마마께서 지원군을 보내 왜구들을 물리쳐 주시옵

소서."

　당시 왜군은 무지한 야만인으로 배를 모는 솜씨와 칼 쓰는 솜씨가 뛰어나며 포악하고 사납기 이를 데 없었다.

　"무엇이? 왜군이 신라를 쳐들어왔다고?"

　"네, 그러하옵니다. 지금 저희 신라에는 백제가 불러들인 왜군이 성을 둘러싸고 있습니다."

　광개토태왕은 잠시 생각에 잠겼다.

　'신라에서 왜군을 몰아내면 자연히 백제의 힘도 약해질 테지. 백제는 그때 쳐도 늦지 않을 것이다.'

　광개토태왕은 곧 병사 5만 명을 모은 다음 손수 이끌고 신라로 향했다.

　이때 신라는 가야 지방에 있는 여러 성을 왜군에게 빼앗긴 상태였다.

　더구나 백제와 가야는 오히려 왜구를 도와주고 있었다.

　"비겁한 놈들! 다른 민족인 왜구를 도와주다니!"

　광개토태왕은 신라를 돕기 위해 출전했다.

　"북을 울려라! 어서 적군을 쳐라!"

"와! 고구려군이 도우러 왔다."

신라군은 싸울 엄두도 못 내고 성안에 갇혀 벌벌 떨고 있다가 고구려군의 기세에 힘입어 성문을 열고 뛰쳐나왔다.

갑작스럽게 신라군과 고구려군의 협공을 받은 왜군은 어리둥절하여 갈피를 못 잡고 달아나기 시작했다.

"안 되겠다. 도망가자!"

왜군은 금관가야 지방으로 도망쳤다.

"뒤를 쫓아라! 한 놈도 살려 보내지 말라!"

광개토태왕의 고함은 온 금성을 뒤흔드는 듯했다.

고구려군은 왜군의 뒤를 바짝 쫓아가 쳐부수고, 장수와 많은 병사들을 사로잡았다.

이로써 백제 아신왕의 야심은 여지없이 깨어져 물거품이 되고 말았다.

분함을 참지 못한 광개토태왕은 왜군 장수를 꿇어앉히고 다그쳐 물었다.

"너희들은 왜 바다를 건너와서까지 백제를 도와주는 거냐? 무슨 속셈이 있는지 바른대로 말하라."

"아무 속셈이 없습니다. 저희는 그저 도와 주기 위해서 왔을 뿐입니다."

"단지 백제를 돕기 위해서 바다 건너 여기까지 올 너희들이 아니다. 분명히 무슨 속셈이 있을 텐데?"

"저는 아무것도 모릅니다. 일개 장수가 어찌 나라와 나라 사이의 일을 알 수 있겠습니까?"

왜군 장수는 끝까지 발뺌했다.

"그렇다면 할 수 없군. 여봐라, 저놈을 끌고 나가 당장 목을 베어 버려라!"

광개토태왕이 명령하자, 왜군 장수는 그제야 살려 달라고 애원하면서 실토했다.

"사실은 신라를 친 후 백제와 합세하여 고구려를 치라는 명령을 받았습니다. 만약 성공하면 신라 땅의 일부분을 저희에게 넘겨 주기로 한 듯합니다."

광개토태왕은 호탕하게 껄껄껄 웃었다.

왜군 장수가 한 말, 즉 백제 아신왕의 흉계를 광개토태왕은 이미 다 짐작하고 있었던 것이다.

광개토태왕은 왜군 장수에게 엄한 목소리로 말했다.

"잘 듣거라. 네 죄를 생각하면 당장 목을 베어야 하나, 이번만은 살려 주겠다. 그러니 돌아가서 너희 왕에게 똑똑히 전해라. 만일 또다시 이 땅을 넘보는 일이 있으면, 그때는 우리 고구려가 바다를 건너가 너희 왜국을 쳐부술 것이라고. 알겠느냐?"

"네, 잘 알겠습니다. 돌아가서 그대로 전하겠습니다."

광개토태왕은 왜군 장수를 살려 보내 주었다. 광개토태왕의 도움으로 신라는 다 무너져 가는 나라를 다시 일으켰다. 그 후 신라는 그 은혜에 보답하기 위해 열심히 고구려에 조공을 바쳤다.

402년, 신라는 내물왕이 세상을 떠나고 실성*이 그 뒤를

실성 마립간

신라 제18대 왕(재위 402~417). 성은 김씨. 알지의 후손으로 이찬 대서지의 아들이다. 그는 내물왕의 왕자들을 왜와 고구려에 볼모로 보내 내물왕계의 세력을 약화시키고 실성왕계 중심의 왕권 강화에 힘썼다. 405년 왜가 명활성에 침입해 오자 몸소 기병을 이끌고 싸워서 300여 명을 사로잡거나 목을 베었다. 실성왕은 내물왕의 태자 눌지로부터 왕권을 위협받자 고구려의 힘을 빌려 눌지를 없애려 했으나, 오히려 고구려가 눌지를 지원하여 정변을 일으켜 실성왕은 살해되었다. 이에 따라 실성왕의 모계인 석씨 세력은 소멸했다.

마립간(麻立干)
신라에서, '임금'을 이르던 말. <삼국사기>에는 눌지왕 때부터 지증왕 때까지, <삼국유사>에는 내물왕 때부터 지증왕 때까지 이 칭호를 사용했다고 기록되어 있다.

이어 왕위에 올랐다.

한편 백제의 아신왕은 그래도 고구려를 치겠다는 야심을 끝내 버리지 않았다. 드러내 놓고 전쟁 준비를 했으며 군사 훈련을 시켜 힘을 길러 나갔다.

그리고 왜군을 끌어들여 몇 번이나 고구려를 공격했지만, 아무래도 백제는 고구려의 상대가 될 수 없었다.

광개토태왕은 뛰어난 지혜로 고구려를 더욱 강한 나라로 만들어 갔다.

왕의 자리에 오른 지 10년, 그 동안 광개토태왕은 어수선한 남쪽을 깨끗이 평정했다. 백제를 완전히 굴복시키고, 신라를 도와줌으로써 고구려를 잘 받들도록 만들었다.

그리고 그대로 놓아 두면 큰 화근이 될 왜를 우리나라에서 내쫓아 버리고, 다시는 함부로 드나들 엄두를 내지 못하도록 제압했던 것이다.

고구려가 여러 싸움에 이겼다고 해서 이득만 있었던 것은 아니었다. 오히려 백성들의 살림은 더욱 궁핍해졌다.

그 이유는 한창 일할 나이의 젊은이들이 싸움터에 나가

죽거나 몸이 다쳐서 돌아오고, 대부분의 곡식과 옷감이 군사들의 식량과 군복으로 쓰였기 때문이다.

'그 동안 너무 고생을 했다. 당분간은 쉬면서 백성들의 생활을 안정시키는 데 힘써야겠다.'

광개토태왕은 이렇게 생각하고 전쟁으로 지친 백성들의 살림을 돌보는 데 힘을 기울였다.

그 무렵, 중국 동쪽에서는 고구려의 우호국이었던 전진이 강남의 동진을 공격하다가 비수(페이수이강) 싸움에서 크게 패했다. 전진의 힘이 약해지자, 전연의 뒤를 이어 모용수가 세운 후연이 새 국가로서의 기반을 잡아 가고 있었다.

모용수는 바로 고국원왕 때 고구려를 침범한 전연의 모용황의 아들이었다.

후연은 나날이 번성해 갔다.

그러자 모용수의 뒤를 이어 왕이 된 모용성은 군사력을 길러 고구려를 침략할 기회를 노렸다.

그러던 중 후연의 모용성은 고구려가 군사를 보내어 신

라를 돕고 있는 틈을 타서 3만 명의 군사를 이끌고 고구려를 공격해 왔다.

"여봐라! 드디어 고구려를 칠 때가 왔다! 지금 고구려는 신라를 지원하여 왜와 싸우고 있으니, 지금이 좋은 기회다! 고구려를 단번에 쳐부수어라!"

후연의 군사들은 요하(랴오허강)를 건너 밀물같이 들이닥쳐 삽시간에 고구려 땅인 신성과 남소성을 함락시키고, 고구려 국경 부근의 700여 리 땅을 점령했다.

"뭣이? 후연이 내가 없는 틈을 타 공격해 왔다고?"

신라를 도와 왜를 물리치고 돌아온 광개토태왕은 후연을 공격하기 위해 준비를 서둘렀다.

"비겁한 놈들……. 왜구들을 물리쳤으니, 이제 후연을 쳐부수어야겠다."

그리하여 402년, 광개토태왕은 드디어 한 맺힌 요동 정벌의 길에 나섰다.

6만 명에 달하는 광개토태왕의 정예 부대는 드디어 요하를 건너기 시작했다.

후연의 저항은 그리 대단하지 않았다.

드디어 고구려군은 후연의 숙군성까지 쳐들어갔다. 숙군성은 요하에서 조금 떨어진 곳인데 후연으로서도 중요한 요새였으므로 방어를 철저히 하고 있었다.

'지금 고구려군과 대항하면 패배할 수밖에 없어!'

이렇게 생각한 후연의 숙군성 자사 모용귀는 군사들에게 명령했다.

"고구려군이 지칠 때까지 절대 공격해서는 안 된다."

후연의 군사들은 성문을 굳게 닫고 꼼짝도 하지 않았다.

광개토태왕은 화살에 편지를 매달아 성안으로 쏘아 날렸다.

숙군성의 자사 모용귀는 싸움이 두려우면 나와서 항복하라. 그러면 목숨만은 살려 주겠다.

이런 편지를 단 화살 수십 개가 숙군성안으로 날아들었다. 그 편지에 대한 모용귀의 회답이 곧 날아왔다.

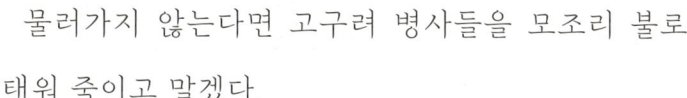

물러가지 않는다면 고구려 병사들을 모조리 불로 태워 죽이고 말겠다.

이 회답을 읽고 광개토태왕은 일단 병사들을 후퇴시켰다. 그리고 새로운 계략을 짜냈다.

"병사들은 지금 곧 성안으로 들어가는 강물 줄기를 막고 물줄기를 다른 곳으로 돌려라."

"네, 대왕마마. 분부대로 시행하겠습니다."

광개토태왕의 명령을 받은 장수들은 그 말이 무슨 뜻인지 알아챘다. 그리고 다시 한번 광개토태왕의 지혜가 뛰어남을 알아차리고 모두 탄복했다.

광개토태왕의 계략은 성안에 식수를 마르게 하여 성문을 스스로 열게 하는 방법이었다.

며칠이 지나자, 광개토태왕의 예상대로 성안의 식수가 바닥이 나 버렸다.

숙군성안의 병사들은 먹을 물이 없자 아우성을

고구려인들이 평안남도 오석산의 험준한 기슭에 세운 황룡산성

쳤다.

마침내 참다못한 후연의 병사들은 식수를 구하러 물통을 수레에 싣고 성문 밖으로 나오기 시작했다.

이 순간을 기다렸던 광개토태왕은 드디어 총공격 명령을 내렸다.

"공격! 모두 공격하라!"

동서남북의 성문 옆에 숨어 있던 고구려 병사들은 일제히 공격하며 성안으로 들어갔다.

"모조리 무찌르자! 선조들의 원한을 풀자!"

"와! 와! 와!"

고구려 병사들은 60년간 별러 왔던 원한을 송두리째 풀려는 듯 숙군성을 쑥대밭으로 만들었다.

광개토태왕은 계속 진격하여 요동성과 현도성까지 빼앗고 선조들의 원한이 맺힌 요동 땅을 완전히 고구려의 영토로 만들고야 말았다.

역사 속으로

신라

우리나라 삼국 시대의 삼국 가운데 하나로, 기원전 57년 박혁거세가 지금의 영남 지방을 중심으로 세운 나라이다. 경주를 수도로 삼고, 진흥왕 때 가야를 병합했으며, 태종 무열왕 때는 백제를, 문무왕 때는 고구려를 멸망시키고 삼국을 통일했다.

신라라는 국호는 역사서에 따라 사로·사라·서나·서나벌·서야·서야벌·서라·서라벌·서벌 등으로 표기되어 있는데, 그 뜻은 동방의 나라, 새로운 나라, 또는 성스러운 곳이라는 '수풀'의 의미로 해석하고 있다. 503년(지증왕 4년)에 나라 이름을 신라로 확정했다. 935년에 고려 태조 왕건에게 멸망당했다.

내물왕

신라 제17대 왕으로 356년에서 402년까지 왕위에 있었다. 성은 김씨이고 왕비는 미추왕의 딸인 보반 부인 김씨이다. 미추왕에게 후사가 없었으므로 그 뒤를 이었다. 364년 4월에 왜가 쳐들어오자 풀로 만든 허수아비 수천 개를 만들어 옷을 입히고 무

신라의 도제 기마 인물상

기를 들려 토함산 기슭에 세우고, 병사 1천 명을 따로 부현 동쪽에 매복시켰다가 왜군을 전멸시켰다. 373년에는 백제의 독산 성주가 남녀 300명을 이끌고 투항하자 이들을 받아들여 신라에 살게 하고 이들을 돌려보내라는 백제 왕의 요청을 물리쳤다.

강력한 중앙 집권 국가 체제의 기틀을 마련하고 낙동강 유역까지 진출해 영토를 확장했으며, 박, 설, 김 씨가 돌아가면서 왕위를 차지했던 것을 김씨의 독점적 왕위 세습으로 바꾸었다. 이 시기에 한자가 처음 사용된 듯하다.

가야

42년(신라 유리왕 19년)에 김수로왕의 형제들이 낙동강 하류 지역에서 12부족의 연맹체를 통합하여 세운 여섯 나라를 통틀어 이르는 말이다. 가야·가라·가량·가락이라고

경상남도 함안에 있는 5~6세기 가야 고분군

도 한다. 금관가야를 맹주로 하여 여섯 가야가 있었는데, 532년 ~562년(진흥왕 23년) 사이에 신라 장수 이사부와 사다함에 의한 대가야 정벌로 멸망했다. 한때 가야의 역사는 4세기 후반 무렵부터 6세기 중엽까지 일본의 야마토 정권이 이를 식민 지배했다고 하는 '임나일본부설'로 왜곡되기도 했다. 그러나 그 후 이 지역에 대한 발굴이 진행되어 감에 따라 이러한 억지를 극복하고, 현재 가야의 독자적 발전 과정이 체계화되는 단계로까지 나아가고 있다.

고구려의 대통일

고구려와의 싸움에서 패한 후 힘이 약해진 후연은 한동안 요동 쪽으로 눈길조차 돌리지 못했다.

그 틈을 타서 중국에 있던 고운이 407년에 모용희를 죽이고 왕의 자리에 올랐다.

그리고 그 후 그는 북연을 세웠다.

408년, 광개토태왕은 북연에 사신을 보내 친교를 맺을 것을 요청했다.

광개토태왕의 생각은 중국의 요하(랴오허강) 서쪽까지

넓어진 광활한 영토를 어떤 일이 있더라도 오래도록 지켜 나가야겠다는 것이었다.

"으음, 고구려 왕이 친교를 요청해 왔다고?"

"그렇습니다, 대왕마마."

"어떻게 하면 좋겠소?"

"우리 북연도 아직 안정이 되지 않았으니, 제의를 받아들이는 것이 어떻겠는지요?"

"좋소. 그렇게 합시다."

그리하여 북연의 왕은 고구려의 친교 제의를 받아들일 뜻을 전해 왔다.

그 후 고구려를 괴롭히는 나라는 주변에 하나도 없었다.

지금까지 넓힌 고구려의 영토는 어마어마했다. 남으로는 낙동강 상류와 조령을 경계로 하여 신라와 국경을 맞대었고, 백제와는 천안을 경계로 삼고 있었다. 또 만주 서쪽으로는 요동 지방까지 영토를 넓혔다.

이제 광개토태왕은 마지막으로 동쪽의 조그만 부족들을 끌어들여 대통일을 이루려고 마음먹었다.

200여 명의 인물이 위풍당당이 행진하는 모습을 그린 대행렬도(왼쪽, 황해도 안악 제3호분)

동쪽에는 동부여, 숙신, 미구루 같은 약소 부족들이 있었다.

이때 부여 등의 부족들은 고구려에 조공을 바쳐 왔는데 그중 동부여가 어찌 된 일인지 조공을 바치지 않았다.

일찍이 동부여가 고구려에 매여 있었다고는 하지만 이런 상황이 벌어지자 고구려로서도 마음을 놓을 수가 없었다.

"대왕마마, 동부여가 조공을 바치지 않는 것은 분명 야심이 있기 때문이니 이번에 당장에라도 동부여를 쳐서 없애 버리는 것이 좋을 줄 아뢰오."

대신들이 주장하며 나섰다.

광개토태왕은 동부여 같은 작은 나라를 친다는 것은 고구려의 위엄을 깎아 먹는 일이라고 생각하여 망설였다.

그러나 이런 상황에 대해 동부여는 아무런 회답도 보내지 않고 괘씸한 행동까지 일삼았다.

광개토태왕은 할 수 없이 410년, 몸소 군사를 이끌고 동부여로 향했다.

이 소식을 들은 동부여 왕은 고구려군의 강대함을 알고 있었던 터라 당황하여 항복할 결심을 했다.

약한 자는 괴롭히지 않겠다고 마음먹은 광개토태왕은 고구려군에게 절대 살생을 하지 말도록 명령하고, 동부여 왕만 잡아들이라고 명령했다.

동부여 왕은 광개토태왕 앞으로 끌려 나왔다.

"그대는 잘못을 뉘우치는가?"

광개토태왕이 위엄 있는 목소리로 물었다.

우리나라 초상화의 1호격인 안악 3호분 벽화 주인상(4세기, 황해도 안악군)

"네, 잘못했나이다."

동부여 왕은 고개를 들지 못한 채 대답했다.

"대왕마마! 소신의 영토와 백성을 대왕마마에게 진상하옵니다. 통촉하여 주옵소서."

"짐은 그대의 뜻을 받아들이노라. 후에 딴생각을 가져서는 안 될 것이니 명심하라!"

"네, 분부대로 모시겠습니다."

그리하여 광개토태왕은 한 사람의 군사도 피를 흘리지 않고 동부여를 손에 넣을 수 있었다.

동부여가 광개토태왕에게 아무 저항 없이 항복했다는 소

문은 부근의 다른 부족들에게도 금세 퍼졌다.

그러자 작은 부족 국가 가운데서는 으뜸이던 미구루가 광개토태왕에게 사신을 보내 영원한 군신의 의리를 지켜 나갈 것을 약속하며 항복하겠다고 알려 왔다.

그러자 다른 힘없는 부족 국가들도 앞을 다투어 항복했다.

장수왕 때 고구려의 영토가 한강 이남까지 이르렀음을 보여 주는 중원 고구려비(오른쪽, 충청북도 중원)

그리하여 동부여 일대의 나라들을 정벌하는 일은 손쉽게 끝났다.

"마마! 이제 우리 고구려는 우리 역사상 일찍이 없었던 큰 나라가 되었사옵니다."

"대왕마마! 경축하옵니다."

대신들이 광개토태왕에게 큰절을 올리며 기뻐했다.

광개토태왕은 왕위에 오른 후 22년 동안 쉴 새 없이 영토를 넓혀왔다.

이제 피비린내 나는 전쟁을 끝낸 광개토태왕은 참으로 오랜만에 궁궐 안에서 나라를 다스리게 되었다. 그는 대국이 된 고구려를 살기 좋은 나라로 만들 계획을 세웠다.

불교를 장려하여 전쟁으로 거칠어지기 쉬운 백성들의 마음을 부드럽게 다독였으며, 대왕 자신도 덕으로써 나라를 다스려 백성들로 하여금 편안한 생활을 누리도록 애썼다.

그러나 그동안 잦은 싸움으로 인해 지친 탓인지 광개토태왕은 병이 들어 몸져눕게 되었다.

세상을 떠날 날이 가까워진 것을 알아차린 광개토태왕은 왕후를 불러 말했다.

"짐이 어려서 결심했던 일은 거의 이룩한 것 같소."

"마마!"

"이제 저승에 가서도 마음놓고 선조들을 뵐 수 있게 되었소. 왕후는 태자를 잘 보살펴 우리 고구려를 더욱 강한 나라로 만들도록 하시오."

"마마, 흐흐흑."

이어서 광개토태왕은 왕후에게 여러 대신들을 불러 달라고 부탁했다.

"대신들을 불러 주시오."

"네, 마마."

광개토태왕은 대신들에게도 당부를 잊지 않았다.

"나는 그대들의 충성을 잊을 수가 없소. 그대들은 부디 변치 말고 태자 거련에게도 충성을 다해 주시오. 그리고 내가 마무리하지 못한 일들은 그대들이 태자를 도와 반드시 이루어 주시오. 내가 죽으면 내 무덤을 내 나라 동산에 만들어 고구려 백성에게만 지키게 하지 말고 다른 여러 부족도 함께 지키도록 해 주시오."

"대왕마마, 분부대로 행하겠사옵니다."

가장 용맹스러운 장군이요, 가장 덕망 있는 성군이었던 광개토태왕은 대신들에게 유언을 남기고 조용히 눈을 감았다.

그때 광개토태왕의 나이 서른여덟 살이었다.
"아바마마! 아바마마!"
"대왕마마! 대왕마마!"
거련 왕자와 여러 대신들의 애를 끊는 듯한 통곡이 궁궐 안을 뒤흔들었다.
"대왕마마!"
광개토태왕이 돌아가셨다는 소식을 들은 고구려 백성들은 일손을 놓고 통곡했다.
어질었던 임금인 광개토태왕의 승하로 나라 안은 온통 슬픔에 잠겨 있었다.
그동안 영락 대왕이라고 불리다가 '광개토태왕'이라고 불리게 된 것은 고구려의 영토를 만주까지 광활하게 확장한 업적을 기리기 위해서였다.
광개토태왕이 승하하자 고구려 사람들은 왕의 시호를 '국강상 광개토경 평안 호태왕'으로 정했다.

광개토태왕의 장례를 치른 후에 거련 왕자가 그 뒤를 이어 왕위에 올랐다.

이가 바로 고구려 제20대 임금인 장수왕이다. 이때 장수왕의 나이는 열아홉 살이었다.

414년, 장수왕은 왕위에 오른 지 2년이 되자, 아버지인 광개토태왕의 업적을 길이길이

만주 벌판에서 발견되어 지금은 누각 안에 보존하고 있는 광개토태왕릉비

보전하기 위해 압록강 건너 집안현 통구에 비석을 세웠다.

'아바마마, 그동안 지친 몸을 편히 쉬소서. 후대 임금들과 백성들로 하여금 아바마마의 뜻과 업적을 영원히 이어 가게 하겠나이다.'

장수왕은 선친의 거대한 비석 앞에 무릎을 꿇고 맹세했

다.

국강상 광개토경 평안 호태왕님은 열여섯 살에 왕위에 오르셨고 연호를 영락 대왕이라 하셨다. 대왕의 은혜는 하늘과 같이 높으시고 위대한 힘은 사방에 널리 떨치었도다. 모든 오랑캐를 무찌르고 바르게 깨우쳐 품에 안으셨으며 평안히 살게 하셨도다. 백성들은 안락한 생활을 하고 나라 또한 번영했으며, 넓은 들에는 해마다 풍년이 들어 오곡이 무르익었도다.

광개토태왕릉비에 새겨진 글씨. 고구려 초기 역사를 알 수 있는 귀중한 자료이다.

이러한 내용의 비문이 쓰여 있는 광개토태왕릉비의 높이는 약 627센티미터이며 폭은 138센티미터에서 195센티미터로 일정하지 않다.

한민족의 영토를 넓혀 서쪽으로는 요하, 북쪽으로는 개

안~영안, 동쪽으로는 훈춘, 남쪽으로는 임진강 유역에까지 이르는 광활한 대륙의 지배자로 군림하던 고구려의 영웅은 말이 없다. 그저 자연석으로 된 거대한 기념비가 영웅의 모습처럼 우람하게 서 있을 뿐이다.

광개토태왕의 생애

광개토태왕은 374년 고국양왕의 둘째 아들로 태어나 열두 살 때 태자로 책봉되었다. 열일곱 살 때 왕 위에 오른 후에 백제 정벌에 나선 것을 시작으로 남쪽으로 한강 유역, 북서쪽으로 요하 지방, 북쪽으로 송화강과 시베리아에 이르는 넓은 영토를 차지하여 광활한 대륙을 지배하는 민족의 영웅이 되었다.

광개토태왕
(廣開土大王 374~412)

374년
고구려 국내성에서 태어났다.

384년
아버지 고국양왕이 고구려 제18대 왕위에 올랐다.

391년
아버지 고국양왕이 세상을 떠나자 고구려 제19대 왕위에 올랐다. 처음으로 '영락'이라는 연호를 사용했다.

392년
교육을 장려하고 불교를 널리 폈다. 백제를 쳐서 석현성, 관미성 등 10여 개의 성을 함락시켰다.

394년
빼앗긴 성을 되찾기 위해 쳐들어온 백제를 수곡성에서 물리쳤다.

396년
직접 수군을 이끌고 백제를 공격하여 여러 성을 함락시키고 백제 아신왕의 항복을 받아 냈다.

400년
왜구의 침입으로부터 신라를 구해 영향력을 강화했다.

404년
중국 후연을 공격하여 요동성을 비롯한 랴오허강 동쪽 지역의 고구려의 옛 땅을 되찾았다.

406년
후연이 목저성으로 쳐들어왔으나 크게 패하고 돌아갔다.

408년
후연을 멸망시키고 북연의 고운과 국교를 맺었다.

410년
연나라의 고운과 국교를 맺은 후 410년에는 동부여를 속국으로 삼았다.

412년
서른아홉 살의 나이로 세상을 떠났다.

광개토태왕은 왜군 장수에게 엄한 목소리로 말했다.

"잘 들어라. 내 너를 생각하면 당장 목을 베어야 하나 목숨만은 살려 주겠다. 신라 땅에서 나가서 너희 왕에게 똑똑히 전해라. 만약 또다시 이 땅을 넘보는 일이 있을 때, 그때는 우리 고구려가 바다를 건너가 너희 왜국을 쳐부술 것이라고 알려라!"

"네, 잘 알겠습니다. 돌아가서 그대로 전해 올리겠습니다."

광개토태왕은 왜군 장수를 살려 돌려 보내 주었다. 광개토태왕의 도움으로 신라는 다 무너져 가는 나라를 다시 일으켰다. 그 후 신라는 그 은혜에 보답하기 위해 열심히 고구려에 조공을 바쳤다.

402년, 신라는 내물왕이 세상을 떠나고 실성이 그 뒤를